격려자
The Encourager

지성.감성의 메타언어
조선문학사시인선.997

# 격려자
# The Encourager

이원로 시집
The Poetry Collection of Lee Won-Ro

조선문학사

# Contents 차례

## Prologue 프롤로그
Breath and Pulse 숨결과 박동 ·············· 10

## Part I 제1부
## The Encourager 격려자

Monologue 독백 ················· 14
Collusion 야합 ················· 16
Treason 모반 ················· 18
The Source of Joy 기쁨의 원천 ·········· 20
Cycle 주기 ················· 22
Formula 공식 ················· 24
Wound 상처 ················· 26
The Encourager 격려자 ············ 28
Over and Beyond 넘고 건너 ·········· 30
Brute 망나니 ················· 32
Appetite and Thirst 식욕과 갈증 ········ 34

Part II 제2부
# Discrepancy 불일치

Struggle 몸부림 ······································ 38
Discrepancy 불일치 ································ 40
Light 빛 ··················································· 42
The Great Final Battle 대결전 ················ 44
Cosmic Waltz 우주 왈츠 ························· 46
Winter Branch 겨울 가지 ························ 48
Potential 저력 ········································· 50
Magnet of Truth 진실의 자석 ················· 52
Messenger 메신저 ··································· 54
Medicine or Poison 약일지 독일지 ········· 56
The Final Stretch 막바지 ························· 58

Part III 제3부
# Homeward Voyage 귀항

Homeward Voyage 귀항 ⋯⋯⋯⋯⋯⋯⋯⋯⋯⋯ 62
A Subtle Hint 미묘한 암시 ⋯⋯⋯⋯⋯⋯⋯ 64
Steel Rope 쇠줄 ⋯⋯⋯⋯⋯⋯⋯⋯⋯⋯⋯⋯⋯ 66
On A Snowy 눈 오는 날 ⋯⋯⋯⋯⋯⋯⋯⋯⋯ 68
Bullseye 적중 ⋯⋯⋯⋯⋯⋯⋯⋯⋯⋯⋯⋯⋯⋯ 70
Recovery 회복 ⋯⋯⋯⋯⋯⋯⋯⋯⋯⋯⋯⋯⋯⋯ 72
Overconfident 자신만만 ⋯⋯⋯⋯⋯⋯⋯⋯⋯ 74
Under the Umbrella 우산 밑 ⋯⋯⋯⋯⋯⋯ 76
Avatar 아바타 ⋯⋯⋯⋯⋯⋯⋯⋯⋯⋯⋯⋯⋯⋯ 78
A Small Legend 작은 전설 ⋯⋯⋯⋯⋯⋯⋯ 80
Access Code 접근 부호 ⋯⋯⋯⋯⋯⋯⋯⋯⋯ 82

Part IV 제4부
# Deep Breath 심호흡

Deep Breath 심호흡 ················································ 86
The First Light 처음 빛 ········································ 88
Trigger 방아쇠 ························································ 90
Misstep 헛발 ··························································· 92
Keyboard 건반 ······················································· 94
Relativity 상대성 ···················································· 96
Principle 원리 ························································· 98
Rehearsal 예행연습 ··············································· 100
Clouds Are the Mind 구름은 마음 ················ 102
Alternative 대안 ···················································· 104
Masterpiece 대작 ·················································· 106

## Part V 제5부
## Ecstatic Dance 황홀한 춤

The First Flower 첫 꽃 ················· 110

Speed 속도 ················· 112

Alarm clock 자명종 ················· 114

Memory Loop 메모리 루프 ················· 116

The Link 연결고리 ················· 118

Ecstatic Dance 황홀한 춤 ················· 120

Sense of Limits 분수 ················· 122

Performance 공연 ················· 124

The Joy of Giving 주는 기쁨 ················· 126

Leitmotif 주제 ················· 128

Fleeting Things 스치는 것들 ················· 130

## Epilogue 에필로그
The Opening Door 열린 문 ················· 132

Part VI 제6부

**A Review of the Poetry Collection**
시집 평설

경구의 유쾌 상쾌 통쾌한 반란_김태우 ············ 136


About the Author 글쓴이 ······················· 150

**| Prologue |**

# Breath and Pulse

When heaven brushes the waiting earth,
And the player meets the gaze of souls,
To rouse them gently into wonder,
To pour out truth, to stir the deep-
Awaiting the moment when spirit sings.
Bow meets string,
Fingers weaving spells-
Within them dwells a secret world,
Where echoes hint at hues and tones,
And thought, and feeling, and spirit breathe.

The most sublime of moments
Unfolds when both hands move as one,
Releasing dance,
A rapture so complete-
Once lost within, there is no return.
There is only change,
Never cessation.
An endless breath,
A pure rhythm shared,
A heartbeat wholly true.

**| 프롤로그 |**

## 숨결과 박동

하늘이 땅을
연주자가 관객을
놀라움으로 깨워주려
진심을 쏟아 영혼을 울려줄
기회를 채려고 기다리리

활과 줄
손가락들의 놀림
그 안에 불가사의한 세상
소리와 빛깔의 암시가 담기지
느낌 생각 영혼이 살지

가장 아름다운 순간은
두 손이 조화를 이뤄
춤출 때 발산하지
한번 황홀에 빠지면
결코 헤어나지 못하리

전환이 있을 뿐
중단은 없으리
영원히 함께할
순결한 숨결
진실한 박동이지

제 1 부
격려자


Part I
The Encourager

# Monologue

Not revealing everything-
Does it mean there's something to hide?
But hiding does not always mean
Deception or lies.

Everyone carries something deep within,
Something they carry through life.
Yet at times, through a quite monologue,
They sigh and bare their souls.

A monologue is a passageway
Where truth finds its way to freedom.
A monologue is not truly a monologue-
It is a dialogue between the confessor and the comforter.

# 독백

다 털어놓지 않는 건
숨길 게 있는 것인지
숨기는 게 다 거짓으로
속이려는 건 아니리

누구나 깊이 안에 품고
살아가는 게 있으리
그러나 때때로 독백으로
속을 털며 한숨지으리

독백은 진심을 토로해
자유로 탈출하는 통로
독백은 실은 독백이 아니라
고백자와 위로자의 대화이시

# Collusion

A pure ideology,
The pinnacle of nobility-
They claim to protect it,
Even at the cost of their lives.

But as the night deepens, isolated and lost,
Instinct reaches its peak.
The beast that dwells within
Has already taken full control.

To fill an empty stomach,
To ensure survival,
To reclaim the throne of glory,
They welcome their sworn enemy as an ally.

An inner collusion
Leads to outer collusion,
Justifying their wicked deeds,
Building an empire of evil.

## 야합

순결한 이념
숭고의 극치
생명을 걸고
지킨다지만

밤이 깊어 고립무원
본능이 절정에 이르니
안에 함께 사는 괴물이
이미 혼신을 덮쳐오리

빈 배를 채워야 하기에
살아남아야 하기에
영화의 권좌가 그리워
숙석을 동지로 맞아들이시

안의 야합으로
밖의 야합을 이루어
악행을 정당화 해가는
사악의 제국을 세워가지

# Treason

On what grounds
Was the conclusion made,
The judgment rendered?
Was it a selfish choice,
A political decision?
A furious mob gathers,
Rushing to end it all—
Do they even know
What they are doing,
Or is it reckless folly?

A world of distrust and treachery,
A realm of envy and greed,
Are they trying to overturn the nation?

So wicked, so vile,
That even heaven recoils in shock.
Hiding behind the banner of righteousness,
They plot their treason in its shadow.
Who is exempt?
Everyone does the same.
How could one tell,
Just by looking at a face?

## 모반

어디에 근거해 낸
결론이며 판정인지
이기적 선택인지
정치적 판단일지

빨리 끝장내겠다고
울분하여 모여든 무리
무슨 일을 저지르는진
알기나 하고 망동인지

불신과 모반의 세상
시기와 탐욕으로
나라를 뒤집으려나

하늘도 경악할 만큼
영악하고 사악하지
의의 깃발로 하늘을 가리고
그 안에 숨어 모반을 꾀하지

누가 안 그런가
모두 그러지
얼굴만 보고
어찌 알아채리

# A Source of Joy

In this world,
Things always happen to everyone,
For reasons unknown.

Nothing in this world
Is without miracles,
Yet we live unaware.

Doubting miracles,
The world turns desolate,
And the source of joy
Remains hidden.

We can only hope
That the road ahead
Is not too dull or rough.

## 기쁨의 원천


세상에는 언제나
왜인지 모를 일이
누구나에 일어나지

세상 모두가
기적 아닌 게 없는데
알지 못하며 살아가리

기적을 의심하니
모두가 삭막하리
기쁨의 원천이 가려졌지

가는 길이 지루하고
험하시 않길
바랄 뿐이지

# Cycle

Rising as if to fade,
Sunset and sunrise,
The stage of cycles.

Breaking as if to continue,
Time and space,
A bridge between dimensions.

Pausing as if to begin,
Breath and pulse,
A dialogue between center and periphery.

Disappearing as if to emerge,
Promises and hopes,
A feedback loop between heaven and earth.

## 주기

넘어가는 듯 돌아오르지
해넘이와 해돋이
주기의 무대

끊어질 듯 이어지리
시간과 공간
차원의 연결고리

그칠 듯 시작하지
호흡과 박동
중추와 말초의 대화

사라지는 듯 나타나리
약속과 소망
하늘과 땅의 피드백루프

# Formula

I long endlessly for what lies beyond,
Surrendering to the pull,
I shall cross the wall and enter.

I break in,
only to be overwhelmed-
Utterly overtaken.

But in truth,
It was a glance that called me in,
To open my eyes.

An irresistible attraction,
An unbearable longing-
The formula of becoming one.

## 공식

너머가 못내 그리워
끌림에 굴복해
담을 넘어 들어가리

침입해 들어가
압도되어
점령당하리

실은 눈짓해서
불러들이지
눈을 뜨게 하려

당할 수 없는 끌림
참을 수 없는 그리움
하나로 되는 공식

# Wound

Even if you squeeze it out,
Is there anything left to come out?
Only needless wounds remain—
Who will heal them?

Striking back
Might bring momentary relief,
But what about the boomerang?
It leaves a deeper scar.
Knowing this,
We still inflict wounds again,
Then turn away
And gently stroke the scar.

Into the dawn's radiant glow,
The stains of our wounds gather.
In the ecstasy of sunset,
Our scars perform a dance in unison.

## 상처


쥐어짠다고
나올 게 더 있는지
공연히 상처만 내리
누가 아물려 줄 건지

후려지면
속은 시원하지만
부메랑은 어쩌지
깊이 흠집이 남으리
알면서도
다시 상처를 내고
돌아서서
흉터를 쓰다듬지

해돋이의 서광 안으로
상처의 떼가 몰려들지
해넘이의 황홀 속에서
흠집들이 군무를 추지

## The Encourager

The one who seeks counsel
Has already cradled the answer
Deep within the heart-
Only longing now
For blessing upon a hidden choice.

A yearning so sincere
has caught a signal
From somewhere in the soul,
Yet still, one aches to know
If it is truly true.

At a fateful crossroads,
Amid worry and deep reflection,
Who do you turn to in the end?
Who stands as your encourager?
Who, for me, confirms what I hold?

## 격려자

조언을 구하는 이
이미 가슴 깊이
해답을 품고 있으리
다만 간직한 결정에
성원을 받고 싶으리

진심 어린 갈망은
영혼 속 어딘가에서
이미 신호를 포착했건만
정녕 그것이 참된 것인지
다시 확인하고 싶어 하지

중대한 갈림길에서
근심과 고심 가운데
누구와 최종 상의하는지
너의 격려자는 누구인지
나의 확인자는 누구인지

# Over and Beyond

Shadows of winter trees
Swaying, submerged in the stream,
Lining up toward the sunrise,
Their movements longing for something beyond.

Longing and sorrow,
Woven deep in their hearts,
Urge them to cross,
To rise and soar far beyond,
Reaching out with open arms.

As if grasping, as if being held,
Crossing one beyond another,
Endlessly unfolding,
A marvelously designed voyage.

## 넘고 건너


냇물에 잠겨 흔들리는
겨울나무 그림자들
줄 서서 해돋이 향해
무언갈 앙망하는 몸놀림

마음 깊이 서린
그리움과 애달픔
넘고 건너 깊이
날아오르고 싶어
팔을 뻗어 올리지

잡은 듯 잡혀준 듯
하나 너머 다시 건너
끝없이 펼쳐지는
놀랍게 디자인된 항해

# Brute

Do you rage
Because things don't go
The way you wish?

By what authority,
With whose permission,
Do you dare to be angry?

Righteous fury,
Just vengeance—
Belong only to heaven's privilege.

Yet false prophets,
As if granted such privilege,
Lash out in blind wrath,
Playing the reckless brute.

## 망나니


바라는 대로
안 풀린다고
분노하느냐

무슨 권한으로
누구 허락으로
분노하는지

거룩한 분노나
마땅한 복수는
오직 하늘의 특권

거짓 선지자들이
특권을 받은 양
분풀이 망나니짓하지

# Appetite and Thirst

Appetite and thirst
Differ from person to person-
Is that why you struggle
To build a fair society?

A nation without hunger,
A world without thirst-
Will it truly be realized,
Or is it just an empty discourse?

Hunger is the root of life,
Thirst, the source of ideals.
Life is the fulfillment of dreams,
And no life exists without dreams.

It will be enough
If the nation ensures no one starves.
It will suffice
If the world gives so none run dry.

## 식욕과 갈증

식욕과 갈증은
저마다 다르니
공평 사회 실현에
고심하시나

배고픔이 없는 나라
목마름이 없는 세상
정녕 실현하려는지
허망한 공론인지

배고픔은 삶의 뿌리
목마름은 이상의 원천
삶은 꿈의 실현이니
꿈 없는 삶은 없으리

굶주리지 않게만
돌보는 나라면 되리
메마르지 않게만
베푸는 세상이면 되리

제 2 부
불일치

Part II
Discrepancy

# Struggle

As if to come, it steps back,
As if to open, it shuts again.
A soul confined in the ICU-
The road to spring is harsh and steep.

Will it open, or will it close?
Things won't unfold just as they appear.
Such firm predictions —
Are they based on some secret sign?
By whom, or by what, are we held,
That our sight and sense of color shift?

Here, or perhaps there-
Spring is destined to arrive in the end.
But through mere thrashing, frantic flailing,
Can we force the seasons to come and go?

## 몸부림

오는 듯 뒷걸음치고
열릴 듯 다시 닫히지
중환자실에 갇힌 영혼
봄이 오는 길은 험난하리

열릴 건지 닫힐 건지
보이는 대로는 되지 않으리
단호히 예측하는 건
무슨 언질을 받아선가
누군지 무엇에 잡힌 지로
시각과 색감이 달라지지

여기일지 저기일지
봄은 결국 오게 되어 있시
몸부림 떼 부림으로 어찌
계절을 오고 가게 하리

# Discrepancy

Between heaven and earth,
An inevitable,
Heart-wrenching
Discrepancy in perspectives.

Time in heaven is eternal,
Yet earthly chances pass in fleeting moments.
When dreams of the future
Can't soothe the sorrow of the present-
What then can we do?

To reveal something even more wondrous,
Time hides away and waits,
To amplify the joy,
Of a fiery reunion someday.

## 불일치

하늘과 땅 사이
어쩔 수 없는
안타까운
관점의 불일치

하늘의 시간은 영원한데
땅의 기회는 순간에 스치지
미래의 꿈이 현재의 비애를
달래주지 못하니 어찌하리

더욱 놀라운 걸 보여주려
때는 숨어서 기다린단다
언젠가 뜨겁게 만나게 될
기쁨을 배기히려 그런단다

# Light

Cold is not the problem,
Nor is darkness something to fear.
As long as light shines,
Anywhere, anytime,
There is no worry.
With light alone, all is resolved.

Even when there's no place left to retreat,
If light breaks through,
The horizon beyond becomes clear.
Worries fade away,
Nothing can go wrong.
It protects me, so I will trust in it.

# 빛

추위가 문제 아니지
어둠이 어찌 겁나리
빛만 들어오면
어디서나 언제나
걱정 없지
빛만 나면 만사 해결이지

더 밀릴 데가 없어도
빛만 비춰오면
땅끝 너머가 보이지
근심이 사라지지
아무 탈도 없지
지켜주니 의지하리

# The Great Final Battle

How could the history of creation
End in destruction?

The explosion and collapse of galaxies
Are fearful and trembling,
Yet they are but the process of forming a greater universe.

The great final battle of Armageddon
Is a triumphant victory
That will raise the flag of the holy nation.

Though fearsome and trembling,
It is the path to annihilate impurities
And open the way to an eternal world.

## 대결전


창조의 역사가 어찌
멸망으로 끝을 맺으랴

은하의 폭발과 붕괴가
두렵고 떨리지만
더 큰 우주의 형성 과정이지

아마겟돈의 대결전은
거룩한 나라의 깃발을 날릴
결정적 승리의 쾌거이지

무서워 떨리나 불순물을 섬멸하여
불후의 세계를 열어가는 장도이지

## Cosmic Waltz

On a stage lit by starlight and time,
An outlier dancer
Sets the tone-guiding speed and direction.

Gripped by a sudden feeling,
Obsessed with an improbable thought,
A soul relentless in its chase
Leaves a mark in epigenetic code,
Fueling the spin
Of history's turning wheel.

Can you see the cosmic waltz-
Time's rhythm unraveling
On gravity's grand stage?

## 우주 왈츠


별들의 시간 무대에서
아웃라이어의 무도가
방향과 속도를 선도한단다

뜻밖의 느낌에 붙들린
가당찮은 생각에 몰두한
끈기 있는 추구의 혼이
후성 유전자로 간직돼
역사의 바퀴를 돌리는
원동력이 되어가지

중력의 무대가 펼치는
시간의 율동이 헤쳐가는
우주 왈츠가 보이는지

# Winter Branch

So brief as it passes by,
So final we may never meet again,
So rare to stay together-
And that's what makes it stunning,
Too beautiful to hold back tears.

They call it a simulation,
Say we're drifting specks of dust.
But still-this truth presses on my skin,
A raw and undeniable reality.
Trials of darkness and sorrow,
The fear of death without end,
And battles with unseen shadows-
Yet still, we ask: What can we do?

The winter branch trembles-
A sign from someone, maybe.
Still putting on that knowing face...
But the road ahead stretches on,
And once again, we've lost our way.

## 겨울 가지


스쳐 날아가기에
다시는 못 만나기에
늘 함께 못하기에
놀랍게 아름다워
눈물을 감당 못 하지

시뮬레이션이라지
불려 가는 티끌이라지
그러나 피부로 느끼는
피할 수 없는 참담한 현실-
어둠과 슬픔의 시련
끝없는 죽음의 두려움
악령과의 혼전-
무엇을 어찌하려는지

겨울 가지가 흔들리지
누군가 보내오는 신호리
아직 젠체하는 걸 보니
역시 갈 길이 머네
또 잘 못 짚었지

## Potential

The mind is sharp and quick,
Yet without inner resources, it is a pity.

Tangled in trivial matters,
Body and soul exhausted,
When the crucial moment arrives,
Left helpless with no ammunition.

Waiting and waiting,
At last, strength surges forth to claim victory.

With the bow still in reserve,
Seizing the perfect chance
To set the heartstrings ablaze,
Confidently pressing the string.

Potential is a buried reserve-
Only by drilling deep can it be revealed.

## 저력

머리는 잘 돌아가는데
저력이 없어 안타까우리

사소한 일에 붙들려
몸과 마음이 소진되니
중대한 순간을 맞아
실탄이 없어 당혹하리

이제나저제나 기다리더니
저력을 발휘하여 승리하리

활이 충분히 남아 있기에
심금을 불사르려는
절호의 기회를 맞아
자신 있게 현을 밀어대지

저력은 매장량
캐보아야 드러나리

# Magnet of Truth

Deep in the heart,
The magnet of truth
Still lives.

Busy earning and defending titles,
Racing for medals and honors,
Together, yet not truly living as one.
Living as one, yet not truly together.

On this fierce battlefield,
To keep the heart from weakening,
Walls are built to survive.

For it hinders title matches,
Obstructs the medal race,
Together yet turning away,
Living as one yet setting barriers.

## 진실의 자석


심장 깊은 속에
진실의 자석이
살아 있지만

타이틀 따기 방어하기
훈장 달기 경주에 바빠
함께하나 같이 안 살고
같이 사나 함께 안 하지

치열한 싸움판에서
마음이 약해지지 않게
담을 쌓고 살아가리

타이틀 매치에 방해요
훈장 경주에 걸림돌이니
함께하나 등 돌리지
같이 사나 막을 치리

# Messenger

What message has been received?
The dry winter branches
Begin to reveal their joyful hues.

Riding on photons,
Carried by the wind,
The messenger breaks through the bark,
Reaching deep, putting away the bedding.

The signal strikes the core,
Sparking intricate circuits,
Awakening body, mind, and soul.

A laughing pair brushes past-
The season of bloom and fruit has come at last.
What you hear is the surf of rising hormones.

Sent by someone to fulfill a purpose,
The wheel of metabolism turns,
As we laugh, cry, embrace, and brush against time.

## 메신저

무슨 메시지를 받았는지
메마른 겨울 가지들이
희색을 드러내기 시작이지

메신저가 광자를 타고
바람에 실려 껍질을 뚫고
깊이 들어 이불을 걷으리

신호가 중추에 적중되어
기묘한 회로들을 격동시키리
몸과 마음 혼령을 깨어내리

깔깔대며 스치는 남녀 한 쌍
꽃 피우고 열매 맺을 때가 왔지
넘실대는 호르몬의 파도 소리지

누군가 보내어 무언갈 이루려
신진대사 바퀴를 돌려가지
웃고 울며 비비며 때를 스치리

# Medicine or Poison

An unpredictable whirlwind,
A situation that forbids optimism.
How will you overcome the world,
And with what means?

Strategy, weapons, shield,
Passion, devotion, plea-
Is more always better?
Is less always worse?

Depending on the dosage,
Even medicine can turn to poison.
A quite whisper of wisdom well-suited
For body, mind, and soul alike.

## 약일지 독일지

예측 불가의 소용돌이
낙관을 불허하는 상황
무엇을 어떻게 하여
세상을 이기려느냐

책략 무기 방패
열정 헌신 간구
많을수록 좋은 건가
적을수록 나쁜 건가

복용량에 따라서
약도 되고 독도 된다지
몸과 마음 영혼
모두에 걸맞은 훈수이지

# The Final Stretch

Let go of the rush.
Set down your fears.
Breathe in,
breathe out.

You are free now.
No more shadows at your back.
The final stretch is behind you—
You've crossed time's edge.

## 막바지


조바심 말아
걱정하지 말아
숨을 깊이
들이쉬고 내쉬어 봐

너는 이제 자유야
더는 쫓길 게 없어
이미 막바지를 지났지
시간의 경계를 넘어왔지

# 제 3 부
# 귀항

# Part III
# Homeward Voyage

# Homeward Voyage

The road you race along
Is a journey returning
To where it all began-
Everyone knows this truth.

Though a grand pursuit
That resonates through the universe,
It follows a designed orbit,
A course docking into place.

May it be a journey of ecstasy, not loneliness,
A voyage of fulfillment, not lament.
Will it be possible to reconnect the broken circuit?
Will you be able to untangle the entwined network?

As longing overflows, surely
A crowd will be waiting.
As desire soars, without a doubt,
A grand festival of welcome will unfold.

# 귀항

달려가는 길이
처음을 향해
돌아가는 항해인걸
누구나 다 알지

우주를 진동하는
추구의 장도라지만
디자인된 궤도 따라
도킹해 가는 항로이지

외로움이 아닌 황홀한 여정
한탄이 아닌 완성의 항해이길
끊긴 회로를 잇게 될 수 있을지
얽힌 네트워크를 풀게 될 건지

그리움이 복받치니 분명
인파가 기다리고 있으리
열망이 충천하니 틀림없이
환영의 축제가 펼쳐지리

# A Subtle Hint

Having cried enough,
Now, you must rise,
You must summon your strength.

How long will you remain bound by anger,
Living as a slave to revenge,
A prisoner of the past?
You must already be hearing the call.

Through the valley of darkness,
Where sleet pours down,
You must find your own path.
You must already be receiving the signal.

Soon, your face will be filled with brightness.
You do not know how it will come to be,
But a subtle hint will touch the depths of your heart.

## 미묘한 암시


울만큼은 울었으니
이제 일어나야지
힘을 돋아 올려야지

언제까지 분노에 묶여
복수의 노예로 살 건가
과거의 포로로 남을 건가
이미 부르는 소리 듣고 있으리

진눈깨비 퍼붓는
어둠의 계곡을 지나서
갈 길을 나름대로 잡아야지
이미 보내는 신호를 받고 있으리

희색이 곧 만면하게 되리
어찌 그리되는지 알 길 없으나
미묘한 암시가 마음 깊이 스며들리

## Steel Rope

Be not undone-
For once you fall into the chasm's hold,
The way back is steep, and cruel to climb.

Yet even in the hush of deepest night,
A secret fissure waits-
Where slender light begins to thread its way.

Cling to even the softest strand.
For a spider's silk may turn to rope,
And rope to iron strong and true-
To draw you, whole, into the dawn.

## 쇠줄

압도당하지 말라
한번 구렁에 빠지면
헤어나기 어려우리

흑암의 세상에도 언제나
보이지 않는 틈이 나 있지
아주 가느다란 빛이 스며들리

실오라기라도 놓치지 말라
거미줄이 밧줄로 쇠줄이 되어
온전히 끌어 올려지리

## On A Snowy Day


On a day of falling snow,
For reasons unknown,
A quiet smile spreads-
Before I know it,
My gaze drifts to the faraway.

Each drifting flake,
Washing clean
Every corner of my weary mind,
Unveils a flawless realm
Where eternity begins to stir.

The softest crunch beneath my feet
Opens ears once closed-
And in a light so wondrous,
I taste a joy so pure,
A freedom without end.

# 눈 오는 날

눈 오는 날은
왜인지
미소가 흐르지
저도 모르게
먼발치를 보게 되리

날리는 송이송이
뇌세포 하나하나를
때를 벗겨 씻어내
완전무결의 나라
영겁을 그리게 하지

눈을 밟는 소리소리
닫혔던 귀를 열어
놀라운 빛 가운데
기쁨만 가득한
자유를 누리게 하지

## Bullseye

Is it in the seeking
that we come to hold?
Or did some unseen hand
summon fate to meet us so?

Uncertainty-
it has its charm,
stirring wonder in the soul,
leading us
to rapture, step by step.

The flaming strike of an arrow-
a breath, a heartbeat,
meeting in perfect sync,
an instinctive moment born of now.

The legend of the chase rides the rhythm,
echoing far and high,
scattering into the sky-
and between each trembling note of sweetness,
a hint of bitterness lingers, too.

## 적중

추구하기에
잡게 되는지
누군가 그리 해주려
불러들였나

불확실성은
매력적이지
호기심을 북돋아
황홀로 유도하리

화살의 명중 불꽃
호흡과 박동이
주고받아 맞추어 내는
즉흥적 타이밍이지

추구의 전설이 가락을 타고
멀리 높이 울리며 흩어지리
달콤한 떨림 사이사이에
씁쓸함도 함께 섞여 있지

# Recovery

Fall after fall, again and again,
and it seems there's no way out.
As if it's a sign to surrender,
to prepare for the end-
I tremble, trapped in darkness and fear.

Yet who is it that opens the door,
who weaves the unseen threads?
The path of recovery arrives
in strange and wondrous ways.
One deep sleep-
and I awake to a body light and whole,
a rising strength pulsing like waves.
As dawn's colors spill inward,
confidence begins to brim.
It is not born of will alone,
nor of desperate prayers-
but of the full authority
of a recovery gene, long engraved within.

Recovery is the mysterious power of renewal.
The rising joy will recall the promise once made.
The answer-already written in a secret code-
Will reveal itself through the trials you face.

## 회복

추락에 추락을 거듭하니
헤어날 길이 막힌 듯
단념하고 채비하란 신호로
어둠에 갇혀 두렴에 떨지

누가 열어주고 이루어 가는 건지
회복이 들어오는 길은 실로
놀랍고 기묘한 과정이지
단잠을 자고 깨어보니 가뿐한 몸
솟는 힘이 파도처럼 느껴지리
여명의 빛깔이 밀려들며
자신감이 가득 차 오르리
의지와 기원만의 소산은 아니리
이미 오래전에 새겨 넣어준
회복유전자의 전권이겠지

회복은 재생의 신비한 능력
치솟는 기쁨이 약속을 상기시키리
이미 비밀코드 안에 있는 해답을
시련 가운데 깨닫게 해주리

## Overconfident

The unexpected,
The unimaginable,
The shocking and startling-
Always lurking,
Waiting for a chance to strike anyone, anywhere, anytime.

Impossible, not to me.
Do you know who I am?
Full of confidence,
Yet it can suddenly approach
Anyone, anywhere, anytime.

Even when witnessing the harsh reality,
Ignoring the evidence,
Thinking it has nothing to do with me-
Anyone, anywhere, anytime
Lives turning a blind eye.

## 자신만만


예기치 못한 일
생각도 못한 일
깜짝 놀랄 일이
언제나 어디서나 누구나를
덮칠 기회를 엿보고 있지

그럴 리 없으리
내가 누굽니까
자신만만 하지만
어디서나 어느 때나 누구에게
갑작스레 다가오지

참상을 보면서도
증거를 무시하며
나와 무관하다며
언제나 어디서나 누구나
외면하며 살아가리

# Under the Umbrella

Dark clouds rage,
Swallowing the sky.
Sleet covers the ground,
Mist thickens over my head.

With an umbrella in the fog,
A step ahead feels miles away,
The world exists only under its cover.

Stubborn thoughts
Race recklessly through the universe,
Yet afraid of slipping on ice,
My feet tremble.

## 우산 밑


먹구름이 휘몰아쳐
하늘이 뒤덮이더니
땅은 진눈깨비
머리엔 안개가 자욱하지

안개 속에 우산을 쓰니
한 발 앞이 구만리
우산 밑이 온 세상이지

고답적 상념은 막무가내
우주를 가로지르는데
빙판에 넘어질까 무서워
발은 부들부들 떨지

# Avatar

A cry echoes through the wilderness-
A messenger sent from someone unseen.

As the crowd gathers and cheers,
A hidden desire quietly arises.

The voice that calls out in the wild
Is your avatar-and mine as well.

What is born from above shall rise on high,
What comes from below shall return to dust.

아바타


황야에서 울부짖는 소리
누군가 보낸 메신저리

군중이 모여 환호하니
딴 마음이 슬며시 돋으리

황야에서 외치는 사람
너와 나의 아바타이지

위에서 난 건 위로 오르고
아래서 온 건 아래 묻히리

## A Small Legend

You showed up when called-
but what's your name?
Are you living up to it,
or swapping it out
again and again?

Where are you now?
What are you doing,
how, and why?
In your one-of-a-kind place,
doing what only you can do-
is it so unexpected
it leaves you in awe?

What should we call you?
A shining star?
A breathtaking bloom?
Each one-
a small legend of their own.

## 작은 전설

부르기에 나왔으리
너의 이름은 무어지
이름에 걸맞게 살고 있는지
수도 없이 이름을 바꾸는지

지금은 어디서 무얼
어떻게 왜 하는 누구인지
유일한 자리 독특한 업무
너무나 놀라워 감탄하는지

무어라 불러주면 좋을지
눈부신 별
황홀한 꽃
모두 작은 전설들이시

## Access Code

A cry of supplication,
transcending all feelings and calculations,
must it be—
only then will it knock on
the gates of that realm.

A land beyond measure
by earthly scales,
unfathomable,
a realm too high to grasp,
a domain beyond explanation.

Laying down the crown,
in the selfless moment of total surrender,
through the fleeting glimpse of an opening,
a wondrous access code shall be granted.

## 접근 부호


기분이나 계산을
온전히 초월한
간구의 외침이라야
그 나라의 문을 두드리리

땅의 잣대로는 결코
잴 수 없고 파악 안 되는
높고 높은 차원의 나라지
설명할 수 없는 영역이지

면류관을 벗어 내려놓고
모두를 바치는 무아의 순간
열리는 일별의 틈새로
놀라운 접근 부호를 내려주리

# 제 4 부
# 심호흡

# Part IV
# Deep Breath

# Deep Breath

Not a sigh, nor a groan,
Not the outpouring of sorrow,
Nor a cry of resentment-
Certainly not.

Deeper, still deeper,
Inhale to the very end.
Longer, still longer,
Exhale completely.

Draw in the inspiration from above,
Breathe it in deeply, without reserve.
Launch the hook of supplication high,
Aiming to catch the door latch of heaven.

Let go of the past entirely,
Stretch the present to its fullest,
And cast the anchor of the future
So it lands perfectly at its destination.

## 심호흡

한숨이나 탄식
비애의 발산
울분의 토로도
물론 아니지

깊이 더 깊이
끝까지 들이쉬고
길게 길게 끝까지
몽땅 내쉬기

위에서 내리는 영감을
마음껏 깊이 빨아들이지
간청의 갈고리를 높이 뿜어 올려
하늘의 문고리에 적중하려 시지

과거는 말끔히 물리고
현재를 마음껏 늘여서
도착지에 완벽히 걸릴
미래의 닻을 던지지

# The First Light

Countless are those in the world,
Alive yet as if dead.
Branches and leaves grow abundantly,
Yet not a single ripe fruit is found.

Swept by storms and trials,
Through cycles of change and wavering hearts,
Where has the first light gone,
Now faded and cold?

A fluttering heart, sparkling eyes,
The thrill of meeting, a smile of joy-
Awaken, come to your senses,
Recall the light of the very first flame,
A sign of bliss in its return.

## 처음 빛


살아 있으나 죽은 게
세상엔 부지기수이지
가지와 잎은 무성한데
익은 열매는 하나도 없지

풍파에 쓸리다 보니
변신과 변심의 반복으로
처음 빛은 어디 가고
시들고 식은 모습인지

설레는 마음 빛나는 눈빛
만남의 기대 기쁨의 미소
처음 빛을 기억해 되돌려
돋아나오는 놀라운 징후

## Trigger

The hatching process of an egg,
Where a seed bursts into a living being,
Has body temperature as its trigger,
A feat crafted by temperature and time.

Physical force converted into chemical energy,
Then back into physiological ability,
The link between the trigger and energy,
Raises and establishes life.

According to a destined program,
Timed for sequential expression,
The hatching of life proceeds,
A marvelous vitalization of matter.

The core of seeking the origin of life,
Lies in discovering the trigger of vitalization,
Hidden within the life-forming program,
Which breathes life into matter.

## 방아쇠

씨가 터 생체가 되는
달걀의 부화 과정은
체온이 방아쇠이지
온도와 시간이 빚는 쾌거

물리적 힘이 화학에너지로
다시 생리적 능력으로 변환되어
방아쇠와 에너지의 연결고리가
생명을 일으켜 길러 세우지

운명지어진 프로그램에 따라
순차적 발현 시간에 맞추어
생명체의 부화가 진행되지
물질의 놀라운 생명화이지

생명의 원천 추구의 핵심은
물질에 생기를 불어넣어 빚는
생명 형성 프로그램에 숨겼을
생명화의 방아쇠 발견이겠지

# Misstep

A hasty heart,
A futile thought,
A darkened mind
Shall take a misstep.

Always,
The passage remains open.
Everywhere,
An outstretched hand awaits.
To anyone,
The calling voice shall persist.

May the path not be blocked
By turbulence of emotions,
By confusion of intellect,
By fading of spirituality.

## 헛발

급한 마음
헛된 생각
어두운 정신이
헛발 딛으리

언제나
통로는 열려있지
어디서나
내민 손은 기다리지
누구에게나
부르는 소리 지속되리

감성의 난기류로
지성의 혼란으로
영성의 퇴색으로
길이 막히지 않길

# Keyboard

Each key,
With countless targets-where to strike?
Each finger,
At what angle, with what force?
How it plays
Unleashes infinite sounds.

Amidst the melodies and harmonies
Of vibrant hues more than the stars,
The gates of eternity open.
Hearts leap with joy,
Tears stream down,
Entering the land of the immortal.

# 건반

건반 하나하나의
무수한 과녁 어디를
손가락 하나하나가
어떤 각도 무슨 힘으로
어떻게 치느냐 따라
무한한 소리가 돋아나지

별보다 많은 음색의
선율과 화음 가운데
영원의 문이 열리지
기쁨에 가슴 뛰놀고
눈물이 줄줄 흐르는
불후의 나라에 들지

# Relativity

To get past midwinter,
It must take much longer,
Yet you fidget and glance around.

Resenting the bitter cold,
Yearning for the gentle warmth of spring,
Time lingers in the waiting heart.

Riding the hyperbola of joy and sorrow,
Circling the orbit of relativity,
Time sways between expectation and discontent.

Is it a flower that blooms and fades quickly,
Or a star that rises slowly and lasts long?
The preference of perception is also relative.

## 상대성

한겨울이 지나려면
한참 더 걸릴 턴 데
안절부절 두리번대지

호된 추위가 원망스러워
포근한 봄빛이 못내 그리워
기다리는 마음에 더딘 시간

희비의 쌍곡선을 타고
상대성 궤도를 돌아가는
기대와 불만의 시간

빨리 활짝 피고 지는 꽃인지
느리게 피어 오래 사는 별인지
선호의 시각 또한 상대성이지

# Principle

The profound law
Of DNA's separation and union,
The mysterious principle
Of an atom's creation and decay.

The principle of existence is the same
For stars, flowers, and myself,
Yet like vast and minute universes,
It takes on infinite forms of change.

Gathering matter through codes,
Unleashing the power of expression,
It brings forth fire, wind, and water,
Sustaining the flow of life.

Language turns into melody,
Revealing its true colors.
It wriggles, then starts to crawl,
Walks, then runs, and finally takes flight.

# 원리

DNA의 심오한
분리와 결합의 법칙
원자의 오묘한
생성과 쇠퇴의 원리

별과 꽃과 나처럼
존재의 원리는 같으나
대 소 미세 우주같이
무한한 변화의 모습이지

암호로 물질을 모아
발산과 표현의 능력으로
불과 바람과 물을 내서
생명을 지탱해 가지

언어가 음률이 되어
색깔을 드러내 가지
꿈틀대더니 기게 되고
걷더니 뛰고 날게 되리

# Rehearsal

Fighting alone through a fearful night,
As my world collapsed,
I jolted awake, drenched in cold sweat.

Thank heavens-it was only a dream.
Had it been real, what would remain?
Yet I woke, alive and breathing-
A thousand thanks for just that grace.

In a world like a living nightmare,
To rise, to awaken, to walk again-
Is rehearsal for a wondrous realm to come.

The greater the storm outside,
The stronger the spark within.
From trials turned on their head,
A radiant triumph shall be born.

## 예행연습


무서운 밤을 홀로 싸우다가
송두리째 무너져 갈 때
후닥닥 깨어나 진땀 흘리지

흉몽이었길래 망정이지
실제 그랬으면 어찌 됐을지
그래도 깨어 살아났으니
천만다행 감사할 따름이지

흉몽 같은 세상에서 홀연히
눈을 뜨고 일어나 들어갈
놀라운 나라의 예행연습이지

바깥의 쑥풍이 거셀수록
내면의 불꽃은 더욱 타오르리
뒤집힌 시련 속에서
찬란한 승리가 태어나리

## Clouds Are the Heart

Wind is the breath-
May it always
Blow gently in,
Renewing all within.

Light is the pulse-
May it ever
Stir us to rise
With wonder in its glow.

Clouds are the heart-
Yours and mine,
Infinite in embrace,
Boundless in their freedom.

Wind, light, and cloud-
Companions on the path,
Revealing where we're going,
And why we run at all.

## 구름은 마음

바람은 숨결
언제나
불어 들어와
새롭게 해주길

빛은 박동
어디서나
놀라운 기운으로
분발시켜 주길

구름은 마음
너와 나의
무한한 포용이요
무궁의 자유이길

바람 빛 구름
어디를 향하여
무얼 하러 달리는지
보여주는 동행자이지

# Alternative

In a world of symmetry,
Hearts and souls struggle,
Grasping for some vision—
What kind of nation,
And how,
Shall they dare to build?

Countless alternatives
Clamor and collide,
But what have they truly made?
Are they but hollow paintings
Without a core?
Have they set their purpose,
Their aim,
With clarity and truth?

Heaven's original design—
Usurped in silence
By Earth's counterfeit plan—
A quiet rebellion
That cost us
Eternity.

## 대안

대칭의 세계에서
허덕이는 마음과 영혼
무슨 나라를 어떻게
세울 대안을 모색하는지

무수한 대안이
야단법석을 떨지만
온전한 무엇을 이루었는지
내용 없는 그림은 아닌지
대안의 목적과 목표는
제대로 설정되었는지

하늘의 원안을
땅의 대안이
몰래 가로챈 반역으로
영생을 잃어버렸지

# Masterpiece

With what vision,
By what skill,
Shall we perform the masterpiece-
To reveal glory within glory,
And spread its radiance
Far and wide?

A music of comfort,
A healing song-
To stir the weary soul,
To move the trembling heart,
Worn thin by chaos,
Exhausted by pain.

May this wondrous melody
Overflow in every season,
In body, mind, and soul —
Surging upward,
Filling all within,
With its unending grace.

## 대작

무슨 개념으로
어떤 기량으로
영광 가운데
영광을 드러내
영광을 전파할
대작을 연주하려나

혼란에 떨며
고난에 기진맥진한
영혼을 고무하고
심금을 울려줄
위로의 선율
치유의 음악이지

놀라운 그 감동이
어떤 상황에서나
몸과 마음 영혼 속에
넘쳐흐르게
용솟음치게
충만케 해주리

제 5 부
황홀한 춤

Part V
Ecstatic Dance

# The First Flower

On a sunlit corner branch,
The first bud of new spring blooms.
It must have happened unwittingly.
A robust figure barges in,
Swiftly snaps the flower's head with pride,
Pinning it to the chest like a medal of triumph.

Who breaks and who is broken,
There are always eyes that watch.
The first eye-worshipper of heroes-
Offers a smile for the bold conquest.
The second-protector of the weak-
Burns with quite, righteous rage.
The third-untouched, indifferent-
Passes by as if nothing happened

The first to bloom
Is not always best,
And the last to bear fruit
Is not always less.
Each branch, in its season,
Offers its tribute to the great unfolding.

## 첫 꽃


빛 잘 드는 모퉁이 가지에
새봄의 첫 꽃망울이 피네
저도 모르게 그리되었으리
건장한 체구가 치고 들어가
꽃가지 머리를 잽싸게 꺾어
가슴팍에 훈장으로 단장하지

누가 꺾고 누가 꺾이는지
바라보는 눈은 항상 있지
첫째 눈은 영웅 숭배자
쾌거의 미소를 던져주리
둘째 눈은 약자의 수호자
그리할 게 무언가 분노하리
셋째 눈은 초연인지 무관심
아무 일 없는 듯 지나가지

먼저 피는 꽃이
항상 가장 좋은 것은 아니며,
늦게 열매 맺는 가지가
언제나 부족한 것도 아니네.
각각의 가지는 자신의 계절 속에서
위대한 펼쳐짐에 헌사를 바치는 것이니

# Speed

The hungry, the thirsty-
They grumble at the slow.
While time, like wind,
Rushes past-
And others mourn it moves too fast.

How can one govern the pace of flow?
Shall we follow it-
Or fight against it?

In this discordant, unjust world,
Is it chaos of speed and sequence?
Perception and thought,
Shaped by point of view,
Shift with the weight of what we hold true.

Resist not the order that's given-
The mind must lead,
The fingers must follow.

## 속도

배고프고 목마른 자들은
느림에 불평하고
세월은 바람처럼
휙 지나간다며―
어떤 이는 너무 빠르다 한탄하리

흐름의 속도를
어찌 다스릴 수 있으랴
따라야 할 건가―
아니면 맞서 싸워야 할까?

불협과 불공정이 가득한 세상
이건 속도와 순서의 혼란인가
느낌과 생각은
관점에 따라 달라지리

우리가 지닌 무게 중심에 따라
그 흐름은 달라지리
주어진 질서를 거스르지 말라―
항상 뇌가 앞서고,
손가락은 그 뒤를 따르리.

## Alarm Clock

In its time, it wakes us.
In its time, the flowers bloom.
And when the time has come-
It leads us home.

Planted deep
Within body, mind, and soul,
Are countless silent alarms,
Perfectly tuned and set.

With wondrous threads
They weave a hidden network,
Ready to ring
In flawless harmony.

When we grasp the meaning of the work,
And let imagination soar,
A glorious finale
Will rise into being.

But who set the clocks?
The hour is already ordained-
And the minutes, the seconds
Left gently in trust.

## 자명종

때가 되어 깨워주리
때가 되니 꽃피우리
때가 되면 데려가리

몸과 마음 영혼 안에
깊이깊이 붙박이로
맞추어 넣어준 자명종들

오묘한 연결고리들로
네트워크를 형성했지
완벽한 화음을 울리려

작품의 의미를 깨우쳐
상상력을 맘껏 발휘하면
멋진 대단원을 이루게 되리

자명종 설정은 누가 하지
시간은 이미 예정돼 있지
분 초야 맡겨두었으리

## Memory Loop

Had I stepped but an inch astray,
Had the ground beneath me shifted just a hair-
No pleading, no desperate cry
Could have kept me from being swept away.

In that split-second brink of peril,
A hand held my trembling foot firm,
The earth stood strong beneath,
And someone pulled me back to life.

Yet lost in the rapture of survival,
The one who saved me faded to the edge.
Still, the echo of that soul-shaking moment
Returns, a whisper of grateful truth.

The thoughts, the feelings of that day-
Etched deep into the folds of my mind,
Replaying in an endless memory loop,
Never to fade for a lifetime.

## 메모리 루프


한치만 못 내디뎠어도
발밑 땅이 반 치만 밀렸어도
제아무리 애걸복걸한들
어딘가로 쓸려 사라졌으리

위기일발의 순간에
발을 굳건히 붙들어 주고
땅을 견고히 받쳐주어
누군가 건져 살려냈으리

소생의 기쁨에 너무 도취해
살린 이는 뒷전으로 밀렸지만
혼을 떨린 그 기억의 회상이
감사의 마음을 상기시키리

그때 그 느낌과 생각은
깊이 뇌리에 새겨졌지
메모리 루프를 맴돌며
평생 지워지지 않으리

# The Link

The child who eats
Feels joy within-
For hunger fades,
And thirst is soothed.

The one who feeds
Smiles in quiet delight-
To fill what was empty,
To quench what was dry.

The earth blooms flowers below,
The sky sets stars above,
Both labor day and night
In tireless devotion.

Woven into the mind's great web-
A wonder of design,
These intricate links
Between heaven and earth.

## 연결고리

먹는 아이는 기쁘리
배고픔이 가라앉으니
목마름이 가시리니

먹이는 이는 흐뭇하리
빈 데를 채워주기에
갈증을 풀어주리니

땅은 꽃을 피워 내려
하늘은 별을 띄우려
밤낮 노심초사하지

뇌 망 안에 설계된
하늘과 땅의 놀랍고
정교한 연결고리들

# Ecstatic Dance

Do birdsong dwell in forests alone?
Nay-everywhere through time and space,
A chorus rings, a riot of sound,
As tangled waves compose their hymn,
And shake the woods of the universe.

We think we know-until a veil is lifted,
And wonder leaps from what seemed plain:
In grains of sand, concealed and teeming,
Countless quantum worlds in motion.

Within the lowliest creeping thing,
Unfolds the dance of life itself-
An ecstatic ballet,
Directed by no hand we see,
Yet carried out with endless grace.

The more the veil is drawn aside,
The more the mystery multiplies.
Wonder stirs the thirst to know,
And so again today,
We linger at the edges-
Peering into awe.

## 황홀한 춤


새들의 노래가 숲에만 있으랴
시공 어디나 노랫소리 요란하지
전자기파가 얽히며 지어내는
합창이 우주의 산림을 울리지

이미 다 알고 있는 것 같은데
한 겹만 들쳐도 깜짝 놀라지
모래알 속에 숨어서 활개 치는
무수한 퀀텀 우주가 보이는지

생명 본체의 황홀한 무도가
하찮은 버러지 안에서 펼쳐지지
누구의 지휘로 무슨 계획으로
경이의 구현은 그침이 없는지

열려갈수록 기하급수로
증폭되어 가는 신비의 세계
놀라움이 호기심을 부추겨
오늘도 그 변방을 기웃거리지

## Sense of Limits

Not even knowing who I truly am,
I stumble on, sweating blood and tears,
Guarding this self with frantic hands,
As if to claim a throne unseen,
Parading pride in borrowed grace,
Pretending I have conquered all.

When things unfold beyond my grasp,
Surely done by someone else-
Yet pride won't let me yield the truth.
As if the world were made for me,
As if without me, none would be,
I take it all as mine alone.

Whether I accept it or not,
Whether I boast or shrink away-
The Earth still spins, unbothered.
But I, adrift, forget my bounds,
Lose all direction, and live in vain,
Inflated by my hollow pride.

# 분수

실로 누군지도 모르는
저를 지키고 돌보느라
피땀 흘리며 허둥대리
얕보이지 않게 하려
모든 걸 석권한 듯이
위엄 떨며 우쭐대야지

저도 모르는 일이면
누가 한 게 분명한데
인정 못 하고 자만하리
저를 위해 모두 있는 걸로
자기가 없으면 없는 걸로
모두 제 것으로 착각하지

받아들이든 않든
우쭐대든 않든
지구는 돌아가는데
방향을 잃고
분수를 잊고
우쭐대며 살아가리

# Performance

As dawn seeps gently
Through the ridges of the sleeping mountains,
For some divine reason,
The sky unfolds-
A majestic symphony begins.

Whose score is this?
Who wields the baton?
A river flows with quiet grace,
An ocean dances in rapture-
A wave of awe, a true symphonic wonder.

To the sacred score of holy power,
The finest, truest conductor leads,
Musicians pouring out their hearts,
Vocalists lifting their souls in flame-
A fragrant, sacred performance of life.

## 공연

새벽이 살며시 스며들며
잠든 산등성이를 타고 흐를 때
어쩐 일인지
하늘이 열리고-
장엄한 교향곡이 시작되지

누구의 악보인가?
누가 그 지휘봉을 드는가?
강물은 조용히 흐르고,
바다는 황홀히 춤추지-
경외의 물결, 참으로 놀라운 교향악이네.

거룩한 능력의 악보에
가장 뛰어나고 참된 지휘자가 서고
연주자들은 마음을 다해 쏟아내며
성악가들은 영혼을 불살라 노래하네-
향기롭고 성스러운, 삶의 공연이여

# The Joy of Giving

Even a gift long prepared-
Its joy for the one who receives
Grows ever deeper
The more desperate
The cry that called for it.

A gift received
Becomes a seed of joy,
Gratitude blooming into grace,
Revealing the joy
Of giving in return.
To receive it well
Is to give it well.

Greater than the joy of receiving
Is the joy of giving-
Once known,
One gives and gives again,
Until the universe itself
Ripples with joy.

## 주는 기쁨

오래 전부터 준비된 선물일지라도-
받는 이의 기쁨은
그 선물을 향한 간절한 외침이
클수록
더 깊어지리

받은 선물은
기쁨의 씨앗이 되어
감사가 은혜로 피어나고
되돌려 주는 기쁨을
깨닫게 하지
제대로 받는 자만이
제대로 줄 수 있으리

받는 기쁨보다
주는 기쁨이 더 크다는 걸 알면-
다시 주고 또 주게 되리
그러면 우주마저
기쁨으로 출렁대리

## Leitmotif

The dance of the tree crowns,
The gaze of the star clusters,
The whispers of blooming flowers-
Whose masterpiece is it?

It's not a leitmotif
As difficult as a cipher,
But an ancient calling
Living deep within.

When fallen into the deep mire,
Wandering on the verge of death,
It's the hand that reach down,
And raised me back to life.

# 주제

우듬지들의 무도
별 무리의 눈빛
꽃 무리의 속삭임
누구의 작품인지

암호같이 난해한
주제는 물론 아니지
안에 깊이 사는
오래된 부름이지

깊은 수렁에 빠져
사경을 헤맬 때
왜인지 끌어내서
다시 살려준 손이지

# Fleeting Things

The window gently swings open,
Offering a fleeting glimpse-
A wondrous view where snowstorms sweep
Between galaxies,
And flickering lands and rivers shine in grandeur.
How do they endure
The sorrow and anguish of farewell?

The stage parts softly,
A flicker here, a flare there,
Dancing everywhere at once-
Quantum entanglement,
Strangely beautiful in its mystery.
How do they survive
The shadows of fear that creep in?

The mind's horizon quietly unfolds,
amid thunder and flashing light,
and huddled neurons stir in chaos,
longing to leap across dimensions.
Why do they still struggle so?
If only they knew the road they came,
The path ahead would surely appear.

## 스치는 것들


창문이 방긋 열리며
놀라운 풍경을 흘깃 보이네
눈보라 스치는 은하 사이로
명멸하는 강산이 장관이네

그들은 이별의 고뇌와 슬픔을
어떻게 달래며 살아가는지

무대가 살포시 열리며
여기서 번쩍 저기서 번쩍
어디서나 동시에 춤추는
퀀텀 얽힘이 실로 기묘하지

그들은 엄습하는 두려움을
어떻게 극복하며 살아가는지

뇌 지평이 은밀히 열리며
요란한 천둥 번개 가운데
웅크렸던 뇌세포 무리가
차원을 넘어보려 법석 떨지

그들은 왜 아직도 그러는 건가
온 길을 알면 갈 길이 보일 건데

| Epilogue |

# The Opening Door

The door that opens-
Truly a door of opportunity,
A door of blessing.

A heavenly age shall dawn,
As the bonds above and below are made clear,
And neighborly ties are firmly restored.

No longer shall we wander-
In the wondrous light,
We shall taste true freedom.

Even through trials, those who hold on
And do not yield till the end
Shall receive this gift.

| 에필로그 |

## 열릴 문

열릴 문은 진정
기회의 문
축복의 문

하늘의 시대가 열려오리
위아래 관계가 확인되며
이웃 관계가 확립되리

더는 방황하지 않으리
놀라운 빛 가운데
자유를 누리게 되리

고난 가운데서도 끝까지
굴하지 않고 붙들어
지키는 이가 누릴 선물이지

# 제 6 부
# 시집 평설

## Part VI
## A Review of the Poetry Collection

■ 시집 평설

# 경구의 유쾌 상쾌 통쾌한 반란

김태우
(문학박사)

## 0. 삶, 그 형용할 수 없는 맛

 삶이란 무엇인가. 또 무엇을 삶이라 칭하는가. 우리는 이 근원적 의문에 대한 해답을 찾는 과정에서 수많은 시행착오를 반복한다. 이 시행착오는 삶의 이상적 가치를 추종함에도 불구하고 정작 실현할 수 없는 현실의 한계 때문이다. 우리는 삶에 대한 시행착오를 최소화하기 위해 비대칭적인 삶의 형태를 정교화한다. 이때 이상과 현실의 간극은 현실 내 이상적 가치의 생산을 가속화한다. 이 가치의 실행 여부는 삶에 대한 근원적 회의로 이어진다.
 우리는 삶을 이상화하는 과정에서 삶이 갖는 불완전성을 목도한다. 이 불완전성은 현실에서 이상적 삶을 좇는 원인으로 작용하며 삶에 대한 허무함이 극대화된다. 그럼에도 불구하고 우리는 현실과 이상의 비대칭적인 형태를 복원하기 위해 산발적인 삶의 형태와 그로 인한 여러 선택지 사이에서 고민한다. 그러면서 항상 최선의 선택임을 자부한다. 그러나 그 결과는 절대 만족으로 귀결되지 않는다.

현실은 삶에 대한 선택과 그에 대한 의미화 과정에 필요한 여러 관점을 제공한다. 우리는 삶에 대한 다양한 관점을 바탕으로 삶의 여러 형태를 생산한다. 그리고 자신을 투영하여 삶의 의미를 재생산한다. 이러한 과정을 반복할수록 삶에 대한 근원적 의문은 깊어진다. 다채로운 삶의 형태는 그에 부합한 가치를 자체적으로 생산하지만, 그 가치의 이상적 면모를 확인하려는 시도는 삶에 대한 선택이 지닌 한계를 보여준다.[1]

시인은 삶의 가치를 삶에 대한 진리를 표방하는 '경구'의 의미 전달 방식을 활용하여 보여준다. 삶에 대한 진리를 보여준다. 삶의 방향을 미설정하거나, 그 방향이 불확실한 대

---

[1] 이 한계는 무정형의 삶을 규정하려는 시도에서 비롯한다. 이상적 삶에 대한 정형화된 관념이 다양한 삶의 형태와 가치를 획일화되기 때문이다. 비록 삶에 대한 이상적 관념이 삶에 대한 의미를 생산하는 기폭제로 작용한다는 사실은 부정하기 어렵다. 그러나 삶에서의 이상적 의미만을 도출하려는 태도는 삶의 다양한 가치를 획일화하여 사회의 가치 체계를 강화할 뿐이다.

상에게 삶의 이상적 면모와 그 방향성이 수렴하는 가치 체계를 '경구'의 간결하고 날카로운 표현으로 재구성하는 것이다. '경구'의 참맛은 시행착오 끝에 확인한 삶의 가치를 기존 언어로 규정된 가치에 부합할 때이다. 이처럼 『격려자』는 삶의 보편적 진리를 시인의 색다른 언어로 형상화하여 삶의 다양한 맛(가치)을 보여준다.

## 1. 삶, 그 찬란해서 허무한 맛

>  식욕과 갈증은/저마다 다르니/공평 사회 실현에/고심하시나//배고픔이 없는 나라/목마름이 없는 세상/정녕 실현하려는지/허망한 공론인지//배고픔은 삶의 뿌리/목마름은 이상의 원천/삶은 꿈의 실현이니/꿈 없는 삶은 없으리
>
>  － 「식욕과 갈증」 부분

인간의 최초이자 최후의 목적은 생존이다. 생존을 향한 인간의 본능은 공동체를 구성하고 이를 체계화한 국가 성립으로 이어진다. 화자는 국가의 강압적이고 폭력적인 운영 원리에서 인간 본능이 갖는 정도 차이를 확인한다. 그리고 이 차이가 "공평 사회 실현에/고심"하는 기득권층의 논리적 근거로 작용한다는 점을 비판한다. 기득권층은 인간의

본능을 수호할 의지를 상실한 국가 체제를 유지하기 위한 "허망한 공론"을 지속한다. 그들은 인간의 '배고픔', '목마름' 없는 세계를 수립하는 데에 다수의 동조를 강권하면서도 그 실행을 외면한다. 즉 국가는 인간의 삶에 대한 수호 의지를 실행한다는 명목으로 인간의 생사여탈권을 강탈하며 삶의 다양한 가치를 외면하는 것이다.

화자는 인간의 생존이 존중받지 못하는 세상에서 삶의 가치를 '꿈의 실현'으로 규정한다. '꿈'은 현실 가능성이 배제된 사건이다. 그럼에도 불구하고 현실에서 "꿈"의 현실 가능성을 지속적으로 소환하는 것은 삶의 이상성을 실현하려는 의지가 삶의 가치를 갱신하려는 동력으로 자리하기 때문이다. 또한 삶의 이상성이 인간의 '배고픔', '목마름'으로 규정되는 것은 삶의 이상성이 생존 자체로 귀결되기 때문이다. 이는 삶의 이상성이 여러 가치 판단의 기준에 변형되었음을 확인한 것이다.

조언을 구하는 이/이미 가슴 깊이/해답을 품고 있으리/다만 간직한 결정에/성원을 받고 싶으리//진심 어린 갈망은/영혼 속 어딘가에서/이미 신호를 포착했건만/정녕 그것이 참된 것인지/다시 확인하고 싶어 하지//중대한 갈림길에서/근심과 고심 가운데/누구와 최종 상의하는지/너의 격려자는 누구인지/나의 확인

자는 누구인지

       - 「격려자」 전문

 이 시는 『격려자』의 표제시로 시집 전체를 관통하는 삶에 대한 인식을 보여준다. 화자는 삶에 대한 자기 결정권에 주목한다. 화자는 삶에 대한 자기 결정권에도 불구하고 삶의 가치 판단 기준을 사회적 가치로 적용하여 그 진의를 확인한다. 즉, 삶에 대한 개인적 해답을 '품고' 있음에도 불구하고 그 '결정'에 대한 의미를 다수에게 재확인하려 시도한다. 삶을 스스로 의미화했음에도 불구하고 그에 대한 만족은 자기만족에 국한되지 않기 때문이다. 이 때문에 '진심 어린 갈망'이 '영혼'의 '신호'임을 확인했음에도 불구하고 그 의미의 '참'됨을 외부에서 반복적으로 확인하는 것이다.
 화자는 삶의 이상성에 대한 본능적 추구를 통해 그 가치를 실현하는 과정에서 새로운 가치와 충돌한다. 이 과정에서 반복되는 '근심과 고심'은 삶에 대한 자기 결정권이 사회적 가치에 의해 규정된 삶에 대한 결정권이라는 사실에 기인한다. 이 때문에 화자는 개인의 선택을 존중하는 '격려자'와 '확인자'의 존재에 대한 의문을 보인다. 이들은 사회 성원으로서의 '나'를 인정하면서도 삶의 의미에 대한 불확실성 때문에 그 가치를 확인하고자 하는 열망을 보이는 것이다. 그러면서 그 열망을 통해 삶의 의미와 본질적 가치를 재구성하는 것이다.

> 독백은 진심을 토로해/자유로 탈출하는 통로/독백
> 은 실은 독백이 아니라/고백자와 위로자의 대화이지
> — 「독백」 부분

화자는 '독백'의 형태로 의미화되는 삶의 본질적 가치에 주목한다. 혼자 하는 말이 '진심'의 가치를 극대화한다는 믿음은 말의 진의가 자신에서부터 시작됨을 경험했기 때문이다. 그럼에도 불구하고 소통 수단으로써 말이 갖는 한계는 화자의 진의가 청자에 의해 왜곡된다는 점이다. 여기서 '독백'은 화자와 청자의 역할을 동시에 수행함으로써 말의 진의가 어떤 속박에서도 벗어나 있는 '자유'를 획득한다. 이처럼 '독백'의 가치는 자신이 '고백자'이자 '위로자'가 되어 삶의 진의를 스스로 깨달음에 있는 것이다.

삶에 가치를 부여하는 기준은 자기 내부에서 생성된다. 화자는 삶에 대한 평가 기준을 외부에서 확인하려는 태도를 비판한다. 이러한 태도는 삶의 본질적 가치를 스스로 훼손하고, 삶의 허무함을 증폭시키기 때문이다. 이때 삶의 허무함은 삶의 가치를 회복하기 위한 시도를 지속하는 동력이 된다. 그러나 삶의 가치를 외부에서 회복하려 한다. 이 태도는 자기 내부에서 생성되는 삶의 본질적 가치를 외면하는 데에서 비롯한다. 화자는 '독백'의 가치를 이 지점에서 확인한다.

## 2. 삶, 그 중독적인 쓰디쓴 맛

삶의 가치 평가 기준은 자기만족이다. 그러나 가치 있는 삶이라 추종받는 삶 대부분이 자기만족의 영역을 넘어 하나의 사회적 모델로 자리한다. 사회적 영향력을 행사하는 삶이 선망의 대상으로 자리한 것이다. 이 영향력은 우리네 삶에 기준으로 적용된다. 이러한 삶의 기준에서 우리의 삶은 좌절과 실패의 연속으로 중독적인 쓰디쓴 맛이 난다. 시인은 삶의 중독적인 쓰디쓴 맛을 통해 삶 본연의 모습을 직시한다.

> 하늘의 시간은 영원한데/땅의 기회는 순간에 스치지/미래의 꿈이 현재의 비애를 달래주지 못하니 어찌하리
> － 「불일치」 부분

이 시에서 삶은 자기만족을 궁극적으로 충족할 수 없는 한계를 지닌다. 이 한계는 '하늘의 시간'에 나타나는 영원성과 '땅'의 '순간'이 갖는 일시성의 차이에서 확인된다. 현실

에서 삶은 한 번의 '기회'를 부여받는 유한한 가치이다. 이 가치의 일시성은 삶에 대한 영원성을 맹목적으로 추구하는 원인이 된다. 이러한 삶에 대한 인식은 '미래의 꿈이 현재의 비애를 달래'줄 수 없다는 비관적 태도로 이어진다. 특히 '현재의 비애'는 삶에 대한 유한성에서 이상적 가치를 찾아야 한다는 강박과 이상적 가치의 실현 불가능성을 확인한 결과이다. 이처럼 유한한 삶에서 추구하는 이상적 가치는 궁극적으로 어떠한 가치로도 대체할 수 없기 때문에 '삶'을 부여받은 '기회'가 '순간'이 되며 그 맛은 쓰디쓴 맛이 되는 것이다. 그리고 그 맛이 중독적인 것은 이상적 가치의 실현 불가능성을 인지하면서도 그 가치를 맹목적으로 추구할 수밖에 없는 현실적 조건 때문이다.

　　급한 마음/헛된 생각/어두운 정신이/헛발 딛으리//
　　언제나 통로는 열려있지/어디서나/내민 손은 기다리
　　시/누구에게나/부르는 소리 지속되리
　　　　　　　　　　　　　　　　　　　　　- 「헛발」 부분

현실과 이상의 삶이 갖는 간극은 현실의 부정적 측면을 부각한다. 이 부정적 측면은 삶의 주체가 추구하는 삶의 형태를 자의적으로 유지하기 어렵기 때문이다. 현실의 유한성은 삶에서 반복되는 선택에 대해 결과로 평가한다. 결과에 대한 자기만족은 그 과정에서 겪는 심리적 부담감을 증폭시켜 '급한 마음'을 먹고 '헛된 생각'을 하게 한다. 이는 삶의 무결한 완전성을 추구하기 때문이다. 여기서 '어두운 정신'은 자기객관화가 결여된 선택으로 이어져 궁극적으로 추구해야 하는 삶의 가치는 상실된다. 즉, 삶에 대한 과욕은 선택에 대한 '헛발'로 이어진 것이다. 이는 삶에 대한 본질을 추구하기보다 선택에 대한 결과만 의식했기 때문이다. 삶에 대한 '헛발'에도 불구하고 그 문제를 해결할 '통로'는 존재한다. 이 존재는 '어디서나/내민 손'과 '누구에게나/부르는 소리'로 형상화되어 삶에 대한 무수한 선택과 그 결과를 예단하지 않는 삶의 태도의 가능성을 보여준다. 이처럼 결과에 치중해 삶에 대한 선택적 가치를 외면하는 태도는 삶의 쓰디쓴 맛의 정도를 강화하기 때문에 삶에 대한 결과론적 선택에 주의를 기울인다.

> 압도당하지 말라/한번 구렁에 빠지면/헤어나기 어려우리//흑암의 세상에도 언제나/보이지 않는 틈이나 있지/아주 가느다란 빛이 스며들리
> 
> ― 「쇠줄」 부분

삶은 세간의 평가에 의해 성공/실패로 구분될 때 삶 자체의 의미는 평가절하된다. 삶에 대한 성공/실패는 삶 자체에

대한 평가가 아니며 삶의 가치를 인위적으로 구분한 것이다. 화자는 삶에 대한 세간의 평가에 '압도당하지 말라'며 명령한다. 외부 평가만 의식할 경우 '구렁에 빠져' '헤어나기 어렵기' 때문이다. 즉, 삶에 대한 개인적 가치를 추구하고자 하는 순수한 욕망이 외부 평가에 왜곡될 경우 그 가치는 결코 완성될 수 없으며, 그에 부여된 의미에 삶이 지배되기 때문이다. 그럼에도 불구하고 화자는 희망을 확인한다. 외부 평가를 반영한 삶의 가치가 지배하는 '흑암의 세상'에도 삶의 다양한 가치에 의해 생긴 '틈'이 존재하기 때문이다. 이 틈에서의 '가느다란 빛'은 삶에 대한 개인적 가치로 삶의 의미를 부여, 생성할 수 있다는 매개이다. 이 매개는 삶에 대한 자기확신을 가질 때 생성되며 주체적으로 의식할 때 가시화된다.

### 3. 그래도 삶, 그 참 맛

 푸시킨의 시 「삶이 그대를 속일지라도」는 삶 자체가 지닌 위로를 보여준다. 획일화된 삶의 가치를 좇아 현실에서 외면해야만 했던 가치를 재구성하는 과정을 통해 삶이 지닌 본연의 의미를 확인한 것이다. 시인은 삶의 다양한 가치를 존중하며 획일화된 삶의 가치를 추종하는 인간 군상에 대한 경각심을 보여준다. 이 과정에서 삶의 참맛을 보여주며 오늘날 우리가 생각해야 할 삶의 가치를 재해석한다.

> 흉몽 같은 세상에서 홀연히/눈을 뜨고 일어나 들어 갈/놀라운 나라의 예행연습이지//바깥의 폭풍이 거셀 수록/내면의 불꽃은 더욱 타오르리/뒤집힌 시련 속에서/찬란한 승리가 태어나리
>
> — 「예행연습」 부분

이 시에서 '흉몽 같은 세상'은 이상적 삶을 좇지만, 결국에는 그 삶의 실현 불가능성을 확인하는 현실로 형상화된다. 이 세상에서 삶의 본질적 가치는 후천적으로 수용된 가치로 대체된다. 화자는 삶의 가치가 후천적으로 학습된 결과이며, 이에 순응하는 현실을 '흉몽'으로 이해한다. 이곳은 개인의 주관적인 삶의 가치의 의미화를 방해하고 특정 범주 내에서만 유효한 의미를 생성한다. 그리하여 획일화된 삶의 가치는 주관적인 삶의 가치를 외면한 채 고착화된다. 이때 화자는 '흉몽 같은 세상'에서도 '놀라운 나라'의 가능성을 확인한다. 그리고 '흉몽 같은 세상'에서의 삶을 삶에 대한 '예행연습'으로 이해한다. 현실의 '폭풍이 거'세고 '뒤집힌 시련'을 극복하는 과정에서 '내면의 불꽃'과 '찬란한 승리'의 의미를 재의미화할 때 '놀라운 나라'의 실체를 목도한다고 예상한 것이다.

울만큼 울었으니/이제 일어나야지/힘을 돋아 올려
야지//언제까지 분노에 묶여/복수의 노예로 살 건가/
과거의 포로로 남을 건가/이미 부르는 소리 듣고 있
으리

- 「미묘한 암시」 부분

이 시는 삶의 다양성이 존중되는 세상에 대한 '미묘한 암시'를 한다. 우리는 이미 세속화된 세상에 종속되어 삶의 다양한 가치를 외면하고 그 사실까지 망각한다. 화자는 이 세상을 직시하며 다양한 삶의 가치를 회복하기 위한 구체적인 방법을 제시한다. 현실을 원망하며 한탄하는 삶에서 '일어나', '힘을 돋아 올려야' 한다는 믿음은 현실에 대한 '분노', '복수'의 부정적인 감정에 점철된 채 세상을 극복할 수 있다는 암시로 이어진다. 이를 위해 '울만큼 울'어 부정적 감정을 씻고 '과거의 포로'에서 벗어나야 된다고 말한다. 이러한 방법은 현실을 무비판적으로 수용해 "이미 부르는 소리" 즉, '나' 자신의 주체성을 확인하는 소리를 망각한 상황을 회복하기 위한 방법이다. 화자는 이 방법을 통해 현실을 자각해 주체적인 삶을 회복하고자 한다. 그리고 이러한 사실이 현실에서 다양하게 암시되어 있음을 강조한다.

생명 본체의 황홀한 무도가/하찮은 버러지 안에서

펼쳐지지/누구의 지휘로 무슨 계획으로/경이의 구현
은 그침이 없는지

- 「황홀한 춤」 부분

이 시는 삶이 갖는 본연의 의미를 재확인한다. 삶은 있는 그 자체로 의미를 지닌다는 사실을 '생명 본체의 황홀한 무도'로 집약해서 형상화한다. '황홀한 무도'가 '하찮은 버러지 안' 즉, 세속된 세상임에도 불구하고 실행되는 것은 이 행위의 '지휘'의 목적과 '계획'의 절차가 무의미하기 때문이다. 즉 '생명 본체의 황홀한 무도'는 특정 조건에서 발현되는 것이 아니라 그 자체로 '황홀'한 가치를 지닌 것이다. 따라서 화자는 이 '무도'의 '경이'로움과 '그침' 없는 형상을 통해 삶의 본연의 의미가 그 자체에서 생성 변형됨을 확인한다.

이렇게 『격려자』는 '경구'의 의미 전달 방식을 활용해 삶의 의미를 재평가하는 시인의 독자적인 언어 운용이 돋보인다. 언어의 외형은 '경구'의 형태를 보이지만 이를 통해 삶이 가진 본연의 의미를 여과없이 보여준다. 그러면서 우리가 잠시 놓쳤던 삶의 가치에 대해 생각하는 계기를 제공한다. 삶은 여러 가지 맛을 보여주지만 정작 그 선택은 한정적이다. 삶을 살아가면서 인간이 느끼는 삶의 여러 맛을 『격려자』는 언어를 통해 보여준다. 우리는 『격려자』를 통해 현실의 고달픔에 매몰되어 잠시 잊고 있던 삶의 참맛을 확인하고 자신이 진정 원하는 삶의 의미를 깨닫게 될 것이다.

# About the Author

Lee Won-Ro

Poet as well as medical doctor (cardiologist), professor, chancellor of hospitals and university president, Lee Won-Ro`s career has been prominent in his brilliant literary activities along with his extensive experiences and contributions in medical science and practice.

Lee Won-Ro is the author of sixty two poetry books along with fifteen anthologies. He also published extensively including ten books related to medicine both for professionals and general readership.

Lee Won-Ro`s poetic world pursues the fundamental themes with profound aesthetic enthusiasm. His work combines wisdom and knowledge derived from his scientific background with his artistic power stemming from creative imagination and astute intuition.

Lee Won-Ro`s verse embroiders refined tints and serene tones on the fabric of embellished words.

Poet Lee Won-Ro explores the universe in conjunction with his expertise in intellectual, affective and spiritual domains as a specialist in medicine and science to create his unique artistic world.

This book along with "Silent Knocks", "Five Seasons", "The Sower", "Vertical and Horizontal", "That Day, That Moment", "The Sound of Waves", "Weather Vane", "Countdown", "On the Road", "Winter Gift", "Fair Winds", "Spiral Staircase", "The Watershed", "The Seed of Eternity", "Milky Way In DNA", "Signs of Recovery", "Applause", "Invitation", "Night Sky", "Revival", "The Promise", "Time Capsule", "The Tea Cup and the Sea", "The Tunnel of Waves", "The Tomorrow within Today", "Flowers and Stars", "Corona Panic", "Chorus", "Waves", "Thanks and Empathy", "Red Berries", "Dialogue", "A Mural of Sounds", "Focal Point", "Day Break", "Prelude to a Pilgrimage", "Rehearsal", "TimeLapse Panorama", "Eve Celebration", "A Trumpet Call", "Right on Cue", "Why Do You Push My Back", "Space Walk", "Phoenix Parade", "The Vortex of Dances", "Pearling", "Priming Water", "A Glint of Light", "The River Unstoppable", "Song of Stars", "The Land of Floral Buds", "A Flute Player", "The Glow of a Firefly", "Resonance", "Wrinkles in Time", "Wedding Day", "Synapse", "Miracles are Everywhere", "Unity in Variety" and "Signal Hunter" are available at Amazon.com/author/leewonro or kdp.amazon.com/book shelf(paperbacks and e-books).

## 글쓴이

이원로

　시인이자 의사(심장전문의), 교수, 명예의료원장, 전 대학교총장인 이원로 시인은 월간문학으로 등단, 이번 시집과 더불어 "빛과 소리를 넘어서", "햇빛 유난한 날에", "청진기와 망원경", "팬터마임", "피아니시모", "모자이크", "순간의 창", "바람의 지도", "우주의 배꼽", "시집가는 날", "시냅스", "기적은 어디에나", "화이부동", "신호추적자", "시간의 주름", "울림", "반딧불", "피리 부는 사람", "꽃눈 나라", "별들의 노래", "멈출 수 없는 강물", "섬광", "마중물", "진주 잡이", "춤의 소용돌이", "우주유영", "어찌 등을 미시나요", "불사조 행렬", "마침 좋은 때에", "나팔소리", "전야제", "타임랩스 파노라마", "장도의 서막", "새벽", "초점", "소리 벽화", "물결", "감사와 공감", "합창", "코로나 공황", "대화", "빨간 열매", "꽃과 별", "바람 소리", "우리집", "오늘 안의 내일", "파도의 터널", "찻잔과 바다", "타임 캡슐", "약속", "소생", "밤하늘", "초대장", "박수갈채", "회복의 눈빛", "DNA 안 은하수", "영원의 씨", "분수령", "나선 계단", "순풍", "겨울 선물", "길 위에서", "카운트다운", "바람개비", "파도소리", "그날 그때", "수직과 수평", "씨 뿌리는 사람", "오 계절", "소리 없는 노크" 등 62권의 시집과 15권의 시선집을 출간했다. 그는 전공 분야의 교과서와 의학 정보를 일반인들에게 쉽게 전달하기 위한 실용서를 여러 권

집필했다.

이원로 시인의 시 세계에는 생명의 근원적 주제에 대한 탐색이 담겨져 있다. 그의 작품은 과학과 의학에서 유래된 지혜와 지식을 배경으로 기민한 통찰력과 상상력을 동원하여 진실하고 아름답고 영원한 우주를 추구하고 있다. 그의 시는 순화된 색조와 우아한 운율의 언어로 예술적 동경을 수놓아 간다.

이원로 시인은 과학과 의학 전문가로서의 지성적, 감성적, 영적 경험을 바탕으로 그의 독특한 예술 세계를 개척해 가고 있다.

이 시집과 더불어 위에 기록된 작품들은 아래에서 구입할 수 있다.

Amazon.com/author/leewonro와 kdp.amazon.com/bookshelf(paperbacks and e-books)

## 격려자
## The Encourager

2025년 10월 10일 인쇄
2025년 10월 20일 발행

지은이 / 이원로
발행인 / 박진환
펴낸곳 / 조선문학사
등록번호 / 1-2733
주소 / 03730 서울 서대문구 통일로 389(홍제동)
대표전화 / 02-730-2255
팩스 / 02-723-9373
E-mail / chosunmh2@daum.net

ISBN 979-11-6354-376-3

정가 10,000원

* 인지는 저자와 합의 하에 생략
* 잘못된 책은 서점에서 교환해 드립니다.